Colaboración editorial: Enriqueta Naón Roca

Dirección de arte: Trinidad Vergara

Diseño: Renata Biernat

© 1999, V & R Editoras S.A.
ARGENTINA: Ayacucho 1920 - C1112 AAJ Buenos Aires
Tel/Fax (5411) 4807-4664 y rotativas
e-mail: editoras@vergarariba.com.ar
www.libroregalo.com - www.vergarariba.com

MÉXICO: Galileo 100, Colonia Polanco - México DF 11560
Tel/Fax (5255) 5220-6620/6621 - 5281-4187
e-mail: editoras@vergarariba.com.mx

Fotocromía: DTP Ediciones

ISBN: 987-9201-18-3

Impreso en China por Ava Books Production Pte. Ltd.

Printed in China

VOCACIÓN DE CURAR

⊷ Un homenaje ⊷

Edición de Lidia María Riba

V&R
EDITORAS

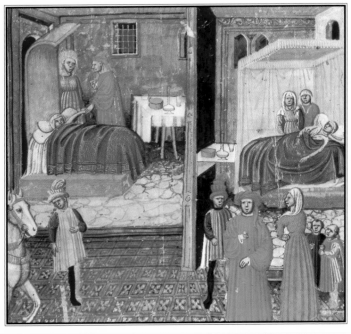

Médico italiano visitando enfermos (ca. 1440), Biblioteca Universitaria, Bolonia.

Vocación de curar

Cuidar es para ti un reflejo. Alguien se cae, tus brazos se extienden para levantarlo. Un vehículo tiene un problema, te unes a los otros y empujas. Un amigo está triste, le haces saber que te preocupa. Todo parece natural y apropiado. Vives para ayudar.

Ram Dass

Cuando te comprometes profundamente con lo que estás haciendo, cuando tus acciones son gratas para ti y, al mismo tiempo, útiles para otros, cuando no te cansas al buscar la dulce satisfacción de tu vida y de tu trabajo, estás haciendo aquello para lo que naciste.

Gary Zukav

Entregar mucho de uno mismo. Saber que,
por lo menos, la vida de una persona ha sido
más fácil porque hemos podido ayudarla.
Eso es haber triunfado.

Ralph W. Emerson

La honradez y la hombría de bien no necesitan
de felicitaciones.

Dr. Luis Federico Leloir

Cuando me acerco a alguien que necesita ayuda,
encuentro fuerzas en la certidumbre de que puedo
recurrir a algo más grande que yo. Puedes llamarlo
Dios, Espíritu, Energía, Conciencia, Amor. Yo lo
llamo Dios. Y percibiéndolo con intensidad, me
siento capaz de hacer las cosas simples que
realmente cuentan.

Alice Norman

Hombre rico distribuyendo comida a los pobres de la comunidad judía de España,
Iluminación del siglo XIV

Si evito que un corazón se rompa,
no habré vivido en vano;
si mitigo el dolor de una vida,
o alivio un sufrimiento,
o llevo de nuevo al nido
a un pichón herido,
no habré vivido en vano.

Emily Dickinson

San Cosme y San Damián, patronos de la Medicina, tabla de la escuela de A. Isenbrandt (ca. 1550), museo Médico-Farmacéutico, Amsterdam.

Vuelve al fondo de tu alma: allí encontrarás siempre la fuente del fuego sagrado que enciende el amor por las virtudes sublimes.

Jean-Jacques Rousseau

En verdad, nadie me había preparado adecuadamente para las maravillas de curar: la profundidad emocional, esas vivencias que ponen a prueba nuestra fe, sacudiéndola hasta sus cimientos; el ser testigos de milagros, y el crecimiento personal más allá de lo que podamos imaginar. Analizándolo finalmente, curar nos acerca a lo más humano que existe en nosotros.

M. Patricia Donahue

Cuando tropiece, dame valor.
Cuando me canse, renueva mis fuerzas.
Cuando flaquee porque soy humano,
inspírame durante más tiempo.

Si todos se vuelven demasiado exigentes
y los días son demasiado cortos
para mis obligaciones,
ayúdame a recordar que elegí servir
y a hacerlo con generosidad.

Darlene Larson

Curar es vivir la vida como una oración y aceptar
que esto nos provoca un estado natural de alegría
pura, de paz y de amor.

Dr. Gerald Jampolsky

Quienes se entreguen a buscar la salud de otros, deben recordar la historia de Buda, al que su padre intentó proteger de las miserias del mundo, encerrándolo en su palacio. Cuando logró finalmente escapar de esa amorosa prisión, descubrió la enfermedad, la vejez, la pobreza y el ascetismo. Y jamás volvió a su hogar. Tal vez aquellos también deberán abandonar alguna vez a quienes, en nombre del amor, los retengan en un abrazo demasiado estrecho.

Dra. Jean Houston

Luis Pasteur (1822-1895)

Los propios límites

Desearía que algún día todas las escuelas relacionadas con el arte de curar hicieran énfasis no sólo en el conocimiento, sino también en aquello que *no* se puede conocer. Eso podría darnos una visión más real de nosotros mismos. Podría recordarnos algo que, como científicos modernos, casi hemos olvidado y que necesitamos recordar: todos -sin excepción- somos sanadores que sufrimos por nuestras propias heridas.

Dr. Larry Dossey

A veces creemos que lo que hemos logrado es sólo una gota en el océano. Pero sin ella, el océano estaría incompleto.

Madre Teresa de Calcuta

Me doy cuenta de que siempre hago algo antes de comenzar una sesión: me digo que soy suficiente. No perfecta. Pero soy humana y eso es suficiente. No hay nada que esta persona pueda decir o sentir que yo misma no sienta... Puedo estar con ella, compartir su angustia. Soy suficiente.

Rachel Naomí Remen

El crecimiento más profundo se da en los momentos más dolorosos. Darse cuenta de que hay una dificultad es el primer paso para encontrar la solución. Una vez que aceptamos nuestra desesperación y admitimos nuestra impotencia, nos convertimos en poderosos. Enunciando nuestra confusión, damos el primer paso hacia la claridad. Cuando cesa la negación, comienza el proceso de curación. La promesa de claridad yace en el centro del caos.

Caryn Summers

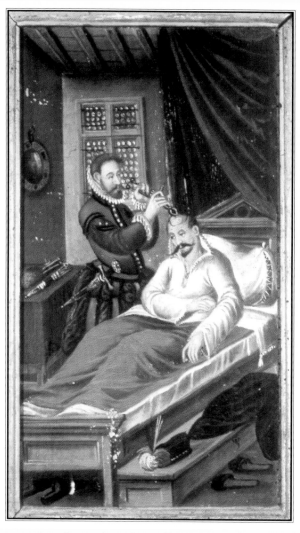

Operación craneal a que fue sometido un caballero de Baviera, en 1584,
altar de la ermita de Tutenhausen

Uno de nuestros grandes riesgos es la excesiva identificación con la capacidad de curar. Debemos recordar que esa capacidad es, principalmente, el don de influir, estimular e inspirar a nuestros pacientes a avanzar en el camino de su propia curación y que, en ocasiones, por mucho que nos pese, nada de lo que hagamos funcionará.

Dr. Martin Rossman

La ciencia está orgullosa de saber muchas cosas; la sabiduría siente la humildad de no saber más.

Hannah Cowley

Los grandes médicos no participan del mito del Todo-Poderoso. Perciben sus propias limitaciones con la misma seguridad con que conocen sus capacidades. Saben, también, de la necesidad de la enfermedad en la vida humana y su interrelación dinámica con la salud. Para ellos, la luz y la sombra son ingredientes esenciales de la salud y no tratan de ignorar a una en favor de la otra.

Dr. Larry Dossey

Las heridas son el campo de entrenamiento de quienes curan. Aquellos que por un accidente o por una enfermedad se enfrentaron con la realidad de su propia muerte, a menudo regresan a la tarea de ayudar con mayor fortaleza y con un sentido renovado de la comprensión.

Dra. Jean Houston

En una unidad de terapia intensiva neonatal,
como en pocos lugares, se llegan a vivir una belleza
increíble y un dolor insoportable. Y debemos
aceptar ambos.

Lilian Hoeffner (enfermera)

Cuando bordeamos el abismo y la noche es
tenebrosa, el jinete sabio suelta las riendas
y se entrega al instinto del caballo.

Armando Palacio Valdés

Aprende a conectarte con tu silencio interior y
recuerda que todo en esta vida tiene un propósito.
No hay errores ni coincidencias.
Los acontecimientos se convierten en bendiciones
que nos son dadas para que aprendamos de ellas.

Elizabeth Kübler-Ross

Hospital italiano de comienzos del siglo XVI, Andrea del Sarto (1486-1531)

Cuando le pregunté a Dios qué hacer frente a un paciente con una enfermedad grave a quien yo pudiera ayudar o que El pudiera sanar, me contestó: "Al médico lo que es del médico y a Dios lo que es de Dios."

Dr. Bernie Siegel

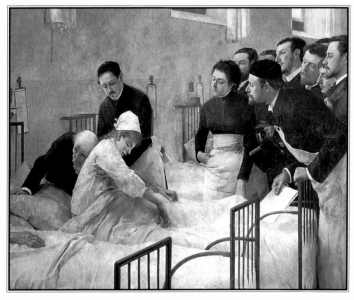

Ronda de guardia, Luis Jiménez Aranda, 1865, España

La necesidad del otro

Ayudar al débil a ponerse de pie no alcanza;
debemos sostenerlo después.

William Shakespeare

El amor incluye la compasión, que significa *sufrir
con el otro*. La compasión es diferente de la piedad,
que significa sufrir *por* el otro. Cuando sentimos
compasión podemos abandonar nuestras expectativas
y dejar que los otros elijan su propio camino. Con
compasión podemos amar a los otros, aun cuando
se equivoquen.

Caryn Summers

Una parte de cuidar también es tocar, y son innumerables sus beneficios. Tocamos a otro de muchas maneras: para consolar, calmar, agradecer, comprender, respetar y curar. Es un vehículo insuperable de comunicación, especialmente en el cuidado de los enfermos. No importa si el paciente está consciente o inconsciente, si es joven o viejo, culto o analfabeto... Con simplemente tocarlo, podemos trasmitirle más amor y comprensión que con mil palabras.

Patricia Donahue

Un médico debería tener experiencia práctica en estas dos leyes fundamentales:
1. La regla de oro: "Haz a tus pacientes lo que te harías a ti mismo."
2. El segundo precepto: "Ama a tu paciente como a ti mismo."

Dr. Ernesto Contreras

Estatua de Hipócrates encontrada en el Odeion de Cos, siglo I d.C.

De vez en cuando, ofrece tus servicios por nada, evocando un favor pasado o una satisfacción presente... Pues donde existe amor al hombre, también existe amor al arte de curar. Algunos pacientes, aun cuando son conscientes de su situación de riesgo, recuperan la salud gratificados por la bondad del médico.

Hipócrates

Fragmento del Canon Medicinae de Avicena, en una versión hebrea. Escenas de un consejo médico y de diversas prácticas médicas, Biblioteca Universitaria, Bolonia

Como profesionales de la salud, atendemos a menudo a quienes deben enfrentarse con problemas de vida o muerte. Somos privilegiados al beneficiarnos con la sabiduría duramente adquirida de nuestros pacientes. Esos hombres y mujeres –e incluso niños- que han mirado la muerte cara a cara son quienes más saben acerca de la vida. Su mensaje es: "Supe que iba a morir...; entonces, decidí vivir hasta ese día." Interpretan su diagnóstico no como una sentencia, sino como la posibilidad de vivir más intensamente. Aceptan su mortalidad, no la interpretan como un veredicto. ¡Qué pocos de nosotros sabemos hacer eso!

Dr. Bernie Siegel

Doctor, la enfermera es amable, los aparatos funcionan bien... Pero lo que quiero es que se siente aquí, a mi lado. Necesito saber que le importa. Puedo preguntar por qué me sucede esto, pero no espero realmente una respuesta. No se vaya, espere. Sólo quiero saber que habrá alguien para sostener mi mano cuando lo necesite. Tal vez, entonces, no será tan duro estar aquí en un hospital... porque tendré un amigo cerca.

Fátima Macedo

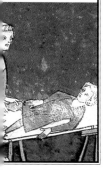

Si yo hablara todas las lenguas de los hombres y de los ángeles, pero no tuviera amor, sería como una campana que no resuena. Si tuviera el don de la profecía y conociera todos los misterios y toda la ciencia, si tuviera una fe capaz de trasladar las montañas, pero no tuviera amor, no sería nada.

Corintios 1, 13

La fragancia de una rosa persiste en la mano de quien la regala.

Antonio de Camões

Manuscrito del siglo XIII con 96 ilustraciones médicas, Escuela de Salerno, Italia

El baño curativo, tapiz del siglo XV, Escuela holandesa, museo de Cluny, París

Cuidarse para poder cuidar

❦

A veces corres tanto intentando cumplir con todos
tus compromisos, contestando todas las llamadas
telefónicas, apretando tu agenda para no negarte a
nadie y sintiendo el dolor de todos los demás...
que no te detienes el tiempo suficiente para sentir
tu propio dolor.

Carmen Renée Berry

No lograremos cuidar de los otros sin antes amarnos
y cuidarnos a nosotros mismos. Pero necesitamos
preguntarnos antes si nos sentimos dignos de cuidarnos.
Aun como prioridad sobre cuidar a los demás.

Caryn Summers

Recomendación a los pasajeros antes de un viaje en avión: "Si hubiera una descompensación durante el vuelo, caerá una mascarilla de oxígeno. Deberá colocársela usted primero y luego atender a otros, aunque ese otro sea su propio bebé". Al escuchar esto es fácil comprender por qué protegerse a uno mismo no es egoísmo, sino la mejor manera de proteger a los demás.

Enriqueta Naón Roca

Cuando te resulte difícil descubrir tus propias necesidades, comienza por fijarte qué das a los demás. Muchas veces damos aquello que inconscientemente estamos necesitando.

Carmen Renée Berry

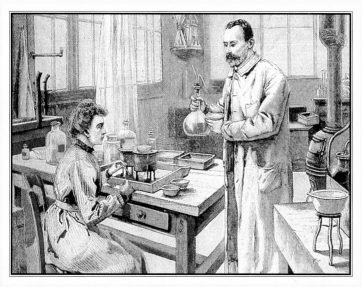

Marie Curie (1867-1934) y su esposo Pierre Curie (1859-1906),
ganadores del premio Nobel en 1903

El hecho de curar ayuda a crear un mundo de más amor entre unos y otros. Pero, para crear ese mundo, primero es necesario que lo vivamos. Y creo que es obligación de los terapeutas hacer todo lo posible para ayudarse a sí mismos.

Louise Hay

Nada debe ser más importante que ser amables con nosotros mismos. Enfrentar continuamente el sufrimiento no es una tarea pequeña, tanto si somos profesionales que trabajamos sesenta horas por semana o familiares que cuidamos todos los días a un pariente enfermo. Reconozcamos nuestros límites perdonándonos nuestros ataques de impaciencia o de culpa. Aceptemos nuestras propias necesidades. Aprendamos que, para tener compasión por los demás, debemos tener compasión por nosotros mismos.

Ram Dass

Fuente Higiea, litografía de colección anónima, (ca 1840), Karlsbad, Munich

Fuente termal, litografía de la colección Riemer y Arrigoni/Biechling (ca.1840) Karlsbad, Munich

Si hace mucho que no te ríes, que no te relajas con un amigo, que no pasas un rato tranquilo al aire libre, éste es el momento. ¿A quién puedes llamar para planear unas horas en las que renueves tus fuerzas? Si la primera persona que llames no está disponible, no te rindas. ¿Cuál es tu segunda opción para pasar un momento agradable? Insiste hasta encontrar a alguien con quien compartir unas horas de apoyo y renovación.

Dr. Leonard Felder

Muchos de nosotros no nos permitimos apartarnos de las presiones del mundo. Nos necesitan nuestros hijos, nuestras parejas, nuestros compañeros. Tal vez no sabemos cómo decir: "No estoy disponible, me he tomado un descanso". Las voces del mundo suelen gritar más fuerte que la de nuestro propio corazón.

Caryn Summers

Existe la reverencia a la vida. Significa gozar de los rayos del sol, de la lluvia, caminar por la calle, ver la alegría y oler el aire fresco. Significa traer conmigo el campo a la ciudad. Trabajar en mi jardín. Leer un buen libro. Estar con gente con la que disfruto. Es aprender a elegir. Es aprender que no puedo ocuparme de todo el mundo. Es tener la obligación de no causar dolor en esta vida y de aliviarlo siempre que pueda.

Nola Hawkins

Ser adicto a ayudar es muy común; sin embargo, éste es un tema muy poco discutido. Si yo tuviera una adicción a las drogas o al alcohol, podría acudir a programas que tratan el abuso de sustancias, habría gente que me ayudaría, compartiendo mi dificultad. Pero no existen grupos de Mesías Anónimos para nosotros, los mesías. ¿Por qué no? Porque estamos demasiado ocupados simulando no tener problemas, demasiado concentrados en las adicciones de los demás como para enfrentar la nuestra y ofrecernos auténtica ayuda los unos a los otros.

Carmen Renée Berry

Santa Isabel de Hungría curando a los enfermos, Bartolomé Murillo, 1673, Sevilla

Dar y recibir

* ❦ *

Muchos de los que siguen carreras profesionales relacionadas con la medicina, responden a un deseo ardiente de enriquecer la vida de los demás, ofreciéndoles el don de aliviar su dolor, de calmar su ansiedad y su sufrimiento y de buscar su bienestar. Quienes curan son capaces de hacerlo porque obedecen a su profundo anhelo de dar.

Dawson Church

Después de su sangre, lo más personal que puede dar un hombre es una lágrima.

Alphonse de Lamartine

Grabado del siglo XVI, el rey Enrique II de Francia va a ser operado por el famoso cirujano Ambroise Paré

Debo dar las gracias por todo lo que he recibido. Agradezco el poder cumplir el sentido de mi vida, haberme entregado a quienes me necesitaban y haber podido atenderlos. Agradezco la oportunidad de dar de mí. Porque doy es que recibo, y esto no significa que dé para recibir. Creer que algo "me es debido" es incompatible con la gratitud.

Milton Mayeroff

Cuando aprendemos a dar y a recibir, entramos en una corriente que es la esencia misma del amor, la corriente de la reciprocidad. Esta corriente de energía no va en un solo sentido, sino en dos. Te doy y me das y ambos recibimos energía. Hemos escuchado: "Ama a tu prójimo como a ti mismo". Pero el sacrificio, sin embargo, ha sido mal entendido como amar al prójimo en lugar de a uno mismo.

Carol S. Pearson

Si tú y yo participamos del proceso curativo, es mi dolor el que me permite comprender el tuyo. Sé lo que es sufrir. Sé también que tu sufrimiento puede apartarte de los demás. Puedes sentirte perdido, atemorizado, atrapado. Pero tú no eres el enfermo y el débil. Estamos juntos, ambos capaces de sufrir, ambos capaces de sanar.

Dra. Rachel Naomi Remen

El dolor del mundo quiebra nuestros corazones porque ya no podemos mantenerlos más tiempo cerrados. Hemos visto demasiado. En cierto sentido, nos hemos entregado a los demás y deseamos pagar el precio de la compasión.

A partir de esto, nos llegan la alegría y el honor de participar en un proceso generoso en el que nos elevamos cada día.

El don simple y singular de ser un instrumento de amor, de cualquier tipo, para cualquier fin.

Ram Dass

Baños termales de Viena, Lucas van Valckenborch (ca.1590), museo de Historia del Arte, Viena

Otros libros para regalar

**NUNCA
TE RINDAS**

**UN REGALO
PARA MI MADRE**

**PARA EL HOMBRE
DE MI VIDA**

**PUEDES SER
LO QUE SUEÑAS**

**LA MAGIA DE LA
AMISTAD**

**TE REGALO UNA
ALEGRÍA**

**TU PRIMERA
COMUNIÓN**

**POR NUESTRA
AMISTAD**

**TODO ES
POSIBLE**

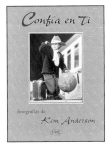
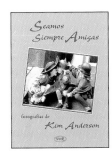

NACIMOS PARA
ESTAR JUNTOS

CONFÍA
EN TI

SEAMOS
SIEMPRE AMIGAS

DISFRUTA TUS
LOGROS

POR QUÉ TE
QUIERO

VOCACIÓN DE
ENSEÑAR

PARA UNA MUJER
QUE CREE EN DIOS

PARA UNA
GRAN MUJER

PARA UNA MUJER
MUY OCUPADA